오름시인선·11

벙어리매미

오름시인선 · 11
벙어리매미

펴낸날 _ 2011년 12월 12일
지은이 _ 송영숙
펴낸곳 _ 기획출판 오름
등록번호 _ 동구 제 364-1999-000006호
등록일자 _ 1999년 2월 25일
주소 _ 대전광역시 동구 삼성1동 122-2
전화 _ 042.637.1486
팩스 _ 042.637.1288
E-mail _ orumplus@hanmail.net

ISBN _ 978-89-90151-65-0

값 8,000원

벙어리매미

| 송영숙 시집 |

Orum Edition

| 시인의 말 |

첫시집 '할미꽃과 중절모'를 대책없이 내놓고 18년 만이다.
돌이켜보니 '느림'이 아니고 '게으름'이었다.

먼저 가신 오라버니(시인. 송유하)께는 미안하고 송구하다.
나만 살아 있어서

이 책은
너무 사랑한 어머니와
너무 미워한 아버지
그리고 나를 이해하고 사랑하는 모든이에게 바친다.

2011년 겨울
송영숙

■ 차례

제1부

제2부

제3부

제4부

제1부

벙어리매미

전생에 나는 백제금동대향로의 다섯 악사 중 배소를 불던 주악상이었다

어쩌다 속 깊던 한 사내를 몰래 가슴에 두었다가 그를 위해 연주한 것이 발각되어 쫓기듯 나와 지금 여기 허름한 나무의자에 기대 있는 것이다

그러다 단 한 번도 나팔을 불어 본 적 없는 나팔꽃
하늘 한 번 올려다본 적 없는 엔젤트럼펫처럼
꿈인 듯 생시인 듯
슬퍼도 소리 내어 울 수 없게 된 벙어리매미

사랑에 눈멀었던 악사들이 인연의 줄을 끊고
소리를 허락받는 날이면
사람들은 지상에서 가장 슬픈 교향악을 듣게 될 것이다

당신은 모른다. 내가 밤낮 잘도 웃지만 돌아서서 한 번씩 크게 울기도 한다는 것을, 울면서 새끼손가락으로 양쪽 귀를 피가 나게 파 보기도 한다는 것을

끝에서 끝으로

나는 저 머나먼 중국 땅 나시족의 후예 앞으로는 배주머니 뒤로는 등바구니 누군가 내게 너무 많은 짐을 지웠다 지우고 달아나 버렸다 안개 낀 빈 들판에서 어느 날은 서서 자는 말 서서 우는 나무 휩쓸려 서성대다가 돌아갈 수도 없을 만큼 와 버린 것 뿐

한 고비만 넘으면 나 돌아갈 것이다 돌아가서 지평선 어디쯤에 옛날식 판자집 짓고 옥수수랑 보리랑 끝도 없이 심으리라 일처에 다부 다복히 두고 혈육들 끌어 모아 한 이불 속에서 발가락집게로 너니 내니 객소리 눙치며 살아갈 것이다

돌아갈 땐 남장을 하고 가리라 실한 말 한 필 골라 타고 보란 듯 옥룡설산 그 흰 눈 덮인 끝에서 끝까지 단숨에 달려 제일 높은 산봉우리 큰 바위 밑에 이름표를 묻으리 그 때 모든 안개 걷히고 두꺼운 갑옷 두른 한 사나이 우뚝 서 있으리

나약하고 비겁한 여인의 치맛자락 바람에 꽃잎처럼 날릴 때

나무십자가

바닥을 보고야 말았다

제로라는 싸인은 다시 시작하라는 건가 그만 끝내고 뛰어내리라는 건가

돌아가기엔 너무 멀다 하얗게 지치고 말았는데 빈 지갑에서 피어오르는 선물 같은 가벼움은 왜 이리 눈물겨운가 게임은 언제나 제로로 끝났다 내 편은 아무도 없다 아. 이 익숙한 쓸쓸함이여

차오르기 위해서는 반드시 바닥을 찍어야 한다, 는 위대한 게임의 법칙 내 손으로 무덤이나 파고 누우면 편해질까 그러기엔 너무 이른 걸까 원하신다면 땅 끝까지 가서 키를 반으로 접어 바닥을 찍고 올 것이다 오늘밤엔 기어서라도 궐 밖 문루에 올라 하늘에 대고 신문고를 울리리라

아들아 나 죽거든 갠지스 강으로 데려가다오

그 강가에서 빨갛게 타오르는 장작더미에 나를 던져 한 점

티끌도 남지 않게 불태워다오

그리하여 이 땅에서 가장 먼 곳에 가 닿아 다시 너의 가난한 어머니가 되는 일이 없게 해다오. 미안하다.

기타리스트

왜 있지, 가시관을 쓴 예수가 킬리만자로의 표범을 연주하고 있었어 썩은 고기까지 해치우는 하이에나가 아니라 표범이고 싶다며 여섯 개의 쇠줄에서 다섯 손가락으로 줄을 타는 긴 머리칼과 긴 허리 대체 저 속에서 누가 살다 간 걸까

저 도둑놈의 지팡이꽃* 같은 남자 우리 서로 거기가 세상 끝이라고 여겨지는 날 만나면 함께 못 죽을 것도 없겠다

바닷가 모래밭에 새기듯 써내려갔어 한 물결마다 한 소절씩 쓸려가고 쓸려오고 창밖엔 열아홉 주름치마를 올려 입은 처녀들이 배꼽을 쥐며 웃고 있었어

나는 지도책을 펴 놓고 오래도록
그에게로 가는 길을 묻는다
킬리만자로로 가는 길을 내처 묻는다

* 도둑놈의 지팡이꽃 : 콩과 목본으로 고삼 또는 너삼이라는 한약명으로 약재로도 쓰임

소리바다

물도 바람도 밤이 되면 소리를 한다
그들만의 소리로 빚어내는 거대한 광시곡
눈을 감으니 비로소 귀가 열리고, 그 안에
내가 있었다는 것 이제야 알겠다
어머니는 자궁 속에다 물을 만드셨다
하여 바다에선 아름답고도 역겨운 피비린내 났던 거고
암 바다와 숫 바다 만나면 불끈 힘줄 솟구쳤던 거고
바람은 수억만 년 전부터 불어왔던 거고
서러운 날 허공에 대고 부를 이름 없을 때
살며시 다가와 가슴 쓸어내려 준 손
바람의 손이었다, 그 근력 믿고 쑥쑥 컸던 거다, 겁 없이
달려왔던 거다, 거기가 여기
이제 어떤 것도 다시 시작할 수 있을 듯
작은 것들이 살아서 우는 밤은 슬프다
어릴 적 어머니께서 우시면 마냥 슬퍼져
따라 울었다
그날, 따라 울어 주던 풀비 떨어진 문풍지
눈물 반 웃음 반으로 들려온다
아리랑 같은 소리 바다
밀물져 다가와 탁탁 등 떠밀어 준다
우주를 닮은 한 장의 CD 안에서 넘쳐흐른다

오래된 관계

엄니 목구멍에 거머리가 산단다

시앗을 보느니 차라리 비켜 주리라 다섯 남매를 맨 치맛폭에 폭 싸안고 나와 고생 지지리 하다 어느 날 남의 집 수도꼭지에 입 대고 물배 채우신 날 그날부터 엄니 목구멍에 거머리가 붙었다며 손가락 구겨 넣었다 뺐다 덜컥 주저앉아 갱신을 못하셨다. 그걸 뭐라고 비켜 나와선

우리 엄니는 사랑을 한 거다

꽃잠 자고 첫길 다녀온 기억만 안고 가신 엄니 혈관성 치매 알츠하이머는 얼마나 고마운 병인가 돌아가시기 이틀 전 비켜서 살아온 세월 오십인데 다 잊고는 '조금만 기둘려라 기둘리다 보마 그것 갈기다 와 안 가겠노' 하셨다며 홀홀 웃는데 나는 피가 거꾸로 솟아 그 검정 기와집 한 방에 후르르 불 싸지르고만 싶었던 거다. 그걸 사랑이라고

아버지는 녹차나무

한 나무에 잎과 꽃이 공존하는 나무 사철 잎 달고 꽃 피우느라 당신 또한 구슬땀 서 말은 흘렸을 터 안으로 썩어 들어간 구린 밑둥치나 늘그막까지 동그랗게 말려 바스락거리는 우듬지께나 가엾기는 마찬가지

나이 오십 되면 공들이지 않아도 경지에 오르나보다 아들을 키워보고 나서야 세상의 남자를 아버지를 곱게 부르게 되었다 그러나 이미 당신들은 자리걷이를 끝내고 말았으니 어쩌나 이 질기고 사나운 천생인연

달과 색소폰 연주자

가을 밤 쓸쓸한 어느 호숫가의
색소폰 연주자

지그시 눈 감고
〈서른 즈음에〉를 연주하는데
그만 다가가 무릎 꿇었다

　점점 더 멀어져 간다 머물러 있는 청춘인 줄 알았는데
　비어 가는 내 가슴속엔 더 아무 것도 찾을 수 없네
　계절은 다시 돌아오지만 떠나간 내 사랑은 어디에

몇 알의 마약을 삼키면 이런 혼몽에 빠질까
어느 먼 나라에 가 있는 듯
그날따라 달빛 더욱 푸르고

혼몽에서 깨어나 밤하늘 보니
달이 차갑게 노려보고 있었다

마술

나도 누군가의 고향이었다 나무 등걸에 기대 나눈 참말 같던 거짓말들 한꺼번에 농담처럼 옛말 되고서야 무거움으로부터 벗어나 다시 분주하다

나도 누군가의 길이었다 밟고 지나가지 않으면 길이 될 수 없는 길 그가 지나가고 나서야 길이 되었다가 웃음이 되었다가 다시 있는 듯 없는 듯 숲이 되었다가

나도 누군가의 바다였다 이해할 수도 용서될 수도 없는 이야기 마구 풀어 놓고 달아나면 내 귀 당나귀 귀보다 길어졌지 속가슴 까맣게 탔지 그러다 이따금씩 눈 부릅뜨고 처얼-썩

오늘은 날 세운 은장도 살며시 쥐어주고 몰래 웃는 매직 쇼 걸

빈 방 사수하기

시간은 어떻게 배려를 알고 있을까

살아서 할 일은 다 했다고 느껴진 날 젖은 청바지처럼 무거워져서 현관문을 들어섰을 때다 깜깜한 아득한 죽은 애인의 무거운 음성 같기도 한 어둠 그 오래된 기억 오늘밤은 불을 켜지 말아야지

이대로 시간이 멈춘다면 자유로워져서 선 채로 한 개의 점이 되는 거다

커다랗게 원을 그리며 맨 처음으로 돌아가는 거다

지상에서 가장 춥다는 여기 드라이밸리의 생을 접는 거다

영리한 발바닥이 뜨나마나한 눈의 나를 잡아끈다 문득 시끄럽다 그리운 사람일수록 가만 눈을 감아야 보이듯 고요한 암흑천지 내가 없는 내 집에서 여럿이 한꺼번에 웃고 떠든다 웃지 않는 나를 놀라지 않는 나를 깨우려고 모의를 하고 있었구나, 고마워라

무.궁.화.꽃.이.피.었.습.니.다

..

아아 이렇듯 완벽하게 숨어버리다니 아무도 없다 불을 켜지 않았는데 환하다 무서워할까 봐 켜 놓고 돌아들 갔나 덜 닫힌 문 틈새 바람에 흰색 여름 커튼이 가볍게 몸을 푼다 나도 오늘 밤엔 다 잊고 춤추는 무초다

능소화

나를 사랑하지 마세요
나를 만진 손으로 눈을 만지면 눈이 먼다 해요
나를 만진 손으로 귀를 만지면 귀가 먼다 해요
눈 멀고 귀 먹게 하는 나는 악의 꽃
천수보살 천 개의 손으로
가슴 쓸어줄 때까지
누군가의 목을 휘감으며 타오를 천의 얼굴
구중궁궐의 슬픈 꽃으로 피었다가
지기 전에 잡았던 손 놓고 뛰어내리는
봄 나비
황혼의 주황빛 능소화

멸치

고 작은 것이
어떻게 그 큰 바다를 이고 왔을까

5대양 6대주
동·서·남·북
제각각 나눠 가진 것도 모른 채 한 지붕인 양
배영 접영 번갈아가며 헤엄쳐 다닌다
폐기름 폐기물 흘러드는 줄도 모르고
살 오르기 기다렸다 던져지는 그물 망 속으로
은백색 꼬리 톡톡 물 튀기며 좋아라
함께 가잔다. 혀 끌끌 암만 차도
더 깊이 잠수한다

은행

은행을 털어볼까
황금빛 은행 다글다글 눈부셔
에라, 발길질에
동전인지 은행알인지 돈 냄새인지 똥 냄새인지
고개 숙여 줍고 싶지는 않다

제2부

1982년 꽃들은

참 우습지

맨드라미, 봉숭아, 분꽃, 사루비아

1982년의 꽃들은 빨갛게만 피어나데

부러진 팔 다리 뿌리째 뽑혀

재갈 물려 있데

손바닥만한 검은 구름이 몰래 해를 가려 주어

다친 꽃들이 어둠을 더듬어 길을 묻는데

지팡이도 손전등도 호루라기도 없어

바닥에 입 맞추고 있데

하얗게 질린 별들 한낮에 쏟아지데

사시나무 떨 듯 떨고 있데

하루나꽃 피기 전에

하루나꽃 피면 쇠어서 못 먹는다며 어머니 푸른 잎 따 양은 대접에 넣고 빨갛게 비볐지 그 때 그 시절 나는 밥맛 없어 아니 알약처럼 입 속에 자꾸 남는 보리알이 싫었지 푸른 잎에 붉은 고추가루

유채꽃이라 부르는 하루나꽃 삽짝 밖에서 하루에 한뼘씩 자라면 내 키도 한뼘씩 자랐지 너무 웃자란 탓에 자꾸 아픈지 모르겠어요 어머니. 아니 젖배를 곯아 그렇다 참 미안타. 빠진 앞니 사이로 쏙쏙 삐져나오던 어머니의 붉은 혀

봄 잎 파랗게 피어나는 밥상머리에서 혼자 된 어머니 웃으시면 나도 흐뭇해졌지 마음 놓였지 그 때 어머니 마흔아홉 줄에서 힘껏 줄 당겼는데 지금 내 나이 마흔아홉 아니 연분홍 치마 바람에 날리는 붉은 입술

스님의 몸에서 김이 난다

유성 온천에서
깎아 놓은 듯한 여스님의 몸을 보았습니다
때 묻지 않은 육신의 아름다움을 훔쳐보면서
날개옷을 잃은 선녀의 슬픔을 생각합니다

뜨겁게 익은 살결

손길 닿는 곳마다
비누거품 하얗게 화산처럼 일어나고
나는 마냥 빨려 들어가
마치 남자가 된 듯 그녀가 아름답습니다
스님은 부처님께 순결을 바쳤을까요
자비가 탕 안 가득 바다로 펼쳐지고
문득 긴 머리칼이 부끄러워집니다

코리도라스아메네우스

청소고기 코리도라스아메네우스
가격은 육천 원
몸과 마음 다 판대도 만원을 안 준다네
남들에게는 해가 되고 독이 되는 것들만
삼백예순 날 먹고 마시는
어항 속의 니그로
아무도 탐하지 않네
몇 개의 달을 훔쳐 먹으면 이리 검을까요
돌로 문지르고 피가 나게 닦아도 소용없죠
그래도 어머니 언제나 내게
이쁜 내 검은 장미, 라고
검은 눈물 검은 피 내림이라네
누구도 사랑하지 말라시네
나 혼자 백 번 사랑하다 쓰러진들
누가 알까요
몸은 사납게 튼실해서 무병장수할 것 같은
불길한 예감

돌핀

선창가 돌핀은 미륵이다
반가부좌로 명상 길에 올랐다가 그 자리에 꼭 박힌
반가상이다

하루에도 수십 번 윤회의 밧줄 매고 푸느라
노곤한 잠 밀려와도
몸을 눕히지 않는 표적

실타래같이 긴 독경 물살에 풀어내고 있다
실눈으로 관음염불 삼매경에 들어 계신다

바다

얼마나 생각이 많으면 저 혼자 울고 웃는 걸까
얼마나 생각이 깊으면 그 높이를 잴 수도 없는 걸까

사계절 내내 겨울노래 부르며
마른 입술 가시랭이 하얗게 뜯어내는 바다

바다도 저보다 더 큰 바다가 그리운 거다
바다도 저보다 더 깊은 바다에 빠지고 싶은 거다

길

외암 민속마을 돌담길
보라색 도라지꽃 외돌아져 피어있는 길

이천 년 전쯤이었을까
가난이 몸에 잘 맞는 옷처럼 어울렸을
한 남자와 이 길을 걸으며
어렵게 이별 이야기를 나누었을 것 같은
그렇지 않고서야
이렇게 쓸쓸할 수가

그때
녹슨 사조구라도 힘껏 던져둘 걸
다시 만나면 같이 살아보자 할 걸 그랬나
생각하면서

그리움 없어도 한자리에 마음을 묻고
육백 년을 서있는 느티나무 사뭇 흘겨보다가
손가락으로 옆구리 쿡 찔러보았다

버섯

죽은 나무에서만 피어나는 꽃
웃어본 적도 울어본 적도 없지
습습하고 눅눅한 그늘에서 나고 자라
시도 때도 없이 온몸에
저승꽃 만발하지
그것도 꽃이라고 목에 빳빳이 힘을 주면
힘줄 불끈 솟아 맹렬해지지
혼자 웃지
태생이 말이 없는데다가
눈 뜨고도 앞 못 보는
입 있어도 말 못 하는

죽은 나무에서 피어나는 꽃이라니

단풍

밟아도 되는 것은 없다
변산반도 채석강 절경을 이루고 있는
채이고 밟힌 사연들 빼곡히 적힌 만 권의 책들
보시면 안다
어떻게 그들이 밤새 울음을 쏟아놓는지

다 주고 쭉정이만 남아
소지처럼 타오르는
핏빛 노년

유랑은 끝났다
꽃으로 나비로 혹은 사람으로
돌고 돌아 사라지는 것이 없다 해도
그 사라짐 없는 것에서
아주 사라지고만 싶은
아름다운 보헤미안

오십

누구는 아침마다 백팔 번씩 절을 올린다는데
얼굴에 부처를 새기고 백팔 번씩 거짓말을 한다
나이 오십에 다 알았다는 공자의 말은 참말인가
쌓아 놓은 쉰 개의 블록과 모자이크
그 중 한 개만 빼버려도 주르르 쏟아져버리고 마는
허무한 탑 쌓기
쉰 번을 일어나고 쉰 번을 지친다
모랄의 깃발을 책가방처럼 끼고 다닐 때가 좋았다
누구의 말도 믿을 수 없다
길은 첩첩산중
구름도 생각없이 해를 가리고 서 있는 날

북풍에 작은 꽃배 한 척 띄워 보내 봐?
땅 끝에서 하늘 끝까지 한 방에 뛰어 올라 봐?

서편제

국문도 모르시는 백발의 노인
양지쪽에
성경책 펼쳐놓고
눈에라도 읽혀야 한다며
돋보기 쓰고 자세히 보신다
참깨알 들깨알 줄지어 서있는 행간 속에서
헐거워진 틀니 덜거덕거리며
성경에도 없는 성경 계면조로 읊조리다가
이렁이렁 베 짜서 입에 풀칠은 했다시며
없는 베틀 앞에서 두 팔 가로젓는다
세상에서 제일 슬픈 베를 짓는다
죽음의 문턱에서 비춘다는
눈부시게 투명한 빛이라도 보신 걸까
이승과 저승 어디쯤에서 허방을 짚으신 걸까
알 수 없는 미소를 그렸다 지우며
씨줄 날줄 엮어 다리를 놓으신다
먼 길 입성 삼베길쌈에 분주하시다

착한 마을에도 겨울은 온다

도시로부터 피신해 온 오래된 빌라 꼭대기 집 넓은 창 너머로 선물처럼 눈 내리면 불쑥 피곤한 몸 바로 세우고 아, 이것으로 충분하다 그렇다는 주문을 휘파람처럼 날리지

어떤 집은 문서를 대물림하고
어떤 집은 가난을 대물림하고
어떤 집은 아버지가 아들을 용서하고
어떤 집은 아들이 아버지를 용서하고

비좁은 도시 어깨와 어깨 사이를 막 빠져나온 새벽달 서슬 칼처럼 푸르지

발치

어금니 빠진 잇몸에 지그시 혀를 댄다

어머니의 젊던 가슴을
이 부드러움으로 빨아들였구나
간지러 간지러워 당신께서 웃음지을 때
나도 따라 웃었겠구나

어머니도 어금니 빠진 날 어머니 생각나셨겠다

바람의 말

아버지의 둘째 여자가 죽었다
한 쾌에 그녀를 보낸 건 무얼까
하늘이 한꺼번에 흔들 했다
그녀를 너무 많이 미워했던 건 아닐까
그땐 내가 너무 어렸어요 아버지
프리다 칼로와 나혜석과 까미유 끌로델
그리고 내 어머니 한차희라는 이름까지 살짝 얹으면요
버려진 것들에 대한 해답이 나와요
왜 여자들은 남자들은 버리고 버려지는 거죠
왜 눈물의 탑*을 쌓으며 조금씩 늙어가는 거죠
왜 날마다 헤르마프로디토스*가 되어가는 거죠
아름다운 것들은 모두 가면을 쓰고 나타난다
느닷없이 망나니가 되어 칼을 들이댄다
그래도 잘 가라 여자여
나도 여자가 되고 싶다

* 눈물의 탑 : 1480년에 세워진 이 탑은 중세시대의 건물이다. 16세기 해운의 전성기에 선원의 아내가 남편의 출범을 눈물을 흘리며 바라보았던 곳이라는 전설과 함께 '눈물의 탑'이라고도 한다. 오늘날에는 팝바와 레스토랑이 자리 잡고 있다.
* 헤르마프로디토스 : 여성의 젖가슴을 가졌으면서 남성의 성기가 달려있는 헤르메스와 아프로디테 사이에 태어난 아들

아버지의 여자

제 혓바닥으로 제 물건 핥는 것이

지 똥 지가 먹는 것이

반갑다고 싸며 꼬리 흔드는 것이

도덕이니 계율이니 들어도 못 본 것이

고마워도 고맙다고 말 한마디 못하는 것이

그래도 주인은 끔찍이 섬긴다는 여자

꼭 푸들 같은 것이

제3부

너에게 나도 가죽 쇼파다

살면서 누굴 함부로 대했다면
바로 너다
하루가 아득히 슬프던 날 네 품에 안기면
먼 데서부터 선혈 낭자한
비명소리 들려 온다
얼마나 먼 오지의 땅에서 살과 뼈가 발려
너는 거죽만 남은 거냐
간도 쓸개도 바닥에 나동그라져
이불 홑청같이 가벼워진 거냐
가죽 쇼파 새우잠 속에 들면
나는 한 마리 순한 암컷이 된다
어느 남자의 가슴 이리 넓어
내 몸 송두리째 받아줄까
사내들도 안기고 싶을 때 있다는 말 문득 떠올라
두 팔 가득 안아본다. 안고 가만 귀 기울이니
혀 짧은 소리로 옹알옹알
배냇소리 한다

푸르나찬드라

나무와 결혼한 푸르나찬드라
나무의 아랫도리에 푸른 물 부어주는 남자
그의 몸짓과 사랑의 언어는
들판 가로질러 능선 넘어
먼 이국의 내 귀에까지 닿았다

나무와 살림 차린 그 남자
어느 날 입을 열었는데
사람들이 뭐든지 물어 와도
각시나무가 척척 알려준단다
그래서 소문난 샤먼이 되었단다

나무가 인간의 수수께끼를 풀어주다니
이젠 사람이 나무에게 경배할 차례다
나도 사랑하는 나무에게 날마다
푸른 물 부어주는 나무의 각시가 되고 싶다
나무의 여자 푸른 샤먼이 되고 싶다

인연

차로 그 녀석을 쳤다

사각의 백미러로 두 동강 났을 녀석을 뒤로하고
악셀을 밟고 있었다 콧등으로 등줄기로 땀 흐르는데
악셀을 밟고 있었다 너를 피하면 내가 죽거든 그렇거든
악셀을 밟고 있었다 너를 밟지 않으면 내가 밟히거든
아무 일 없다는 듯 다음 차도 그 다음 차도

내가 모르던 내가 한꺼번에 달려들어 목덜미를 잡는다
점멸등의 빨간불인지 그 녀석의 암컷인지 무섭게 지나가고
불현듯 나는 없다
찬 아스팔트에 그 녀석을 놓아두고
어느 절에선지 들었을 저녁 예불소리 떠올리며
다시 만나게 될 그 녀석과의 복잡한 관계를 가늠해 본다

죄 짓고 돌아오는 길

우연이라도 성당 앞은 지나는 게 아니다. 문득
해선 안 되는 일만 하고 살았다 싶다
왜 그랬을까
삼십대 때만 해도 오늘 같은 날엔
알아서 무릎 꿇고 두 팔 십일 자로
들어 올렸다
그렇다고
내가 내 머리통을 향해
조준을 할 수는 없지 않은가
사랑한 죄
사랑하지 않은 죄
연옥의 뜨거움에 대한
언젠간 혼자 가야 할 먼 길에 대한
매운 생각들
시야를 가리는 모퉁이 길

만개

그래, 지들끼리 뭉쳐 겨우내 견뎠다는 거지
죽은 듯 기다렸다가 날 잡았다는 거지
복사꽃 가뿐히 피었다 사라질 동안
자목련 무겁게 피었다 한 번에 스러질 동안
어쩌다 시절 잘 만나
덤으로 만개한 봄날을 맞고 말았다는 거지
일제히 피었다가 지는 꽃들의 절도
가지 끝에서 할복하여 속까지 드러내 보이는
붉은 꽃들
만개한 여자가 되고 말았다는 거지

몰래 카메라

누군가 도청하고 있다 지켜보고 있다
는, 사실무근의 사실 앞에서
비밀스런 키스는 이제 그만
그래도 너를 사랑하는 일만은 멈출 수 없다
암호를 대라, 내가 지어 준 너만의 이름
나만 알아들을 수 있게 작은 소리로
내 귀에 속삭여라
꼭꼭 숨어
머리카락 보여
어디선가 우리를 베고자 한다면
단칼로 족하겠지만
빛나는 창에 목이 달린다 해도
가던 길을 갈 수밖에 없다

여왕벌

칸나 잎 같은 스커트자락 열어젖히면
치맛속 신하 벌들 앞다투어 파고들지
녀석들 물 불 가리잖고 달려들지

푸른 창공에서 수펄들 떼로 거느리는 걸 보아
늠름하게 치루는 공중전 찬란한 그 흘레

여름 밤 홀연 암내라도 피워 올리면
세상 수컷들 죄다 멋모르고 뛰어 들어
파삭, 한숨에 자결하고 말 듯
아, 단명한 사랑 황홀하지

휴휴암

험한 산길 한계령 넘어 강원도 양양
다 놓고 쉬어가라는 휴휴암

이웃해 있는 바다 한 귀퉁이 부처님 닮은 바위가
전신을 담그고 밭은 기침소리 내며
동안거에 들어있다. 그렇다. 그 기도의 힘에
나 가없는 목숨 부지하고 있었던 거다
아픈 당신의 어깨에 얹혀
마냥 나폴거리는 노란나비
저 파도에 휩쓸려 사라지기까지는
찰나의 순간도 필요치 않은 것을

착한 사람들은 과연 한 가지 얼굴이었을까
그들이 모여 사는 나라는 어디일까
나는 따라갈 수 없네

쉬러 왔다가
가슴에 씨앗 한 점 아프게 품고 돌아서는데
그 기침소리 발에 걸리는데

경계

귀신도 돌아간다는 새벽 4시
술에 취한 채
편도 4차선 도로의 중앙선을 마음껏 넘는다
중심이란 무엇에 대한 중심인가
나는 영원한 아웃사이더
혼자 따르고 혼자 마시고 혼자 논다
누군가 불시에 밤안개를 헤치고 달려 와
정면으로 손을 내밀지도 모를 절호의 길
오늘밤은 내가 왕이다
마시고 취하라
가로등은 불을 내려놓고 먹고 놀고
서 있는 나무들은 다리에 힘을 빼고 먹고 놀고
시간도 흐르기를 멈추고 먹고 놀고

그때 거기서 필름 뚝, 끊겼다

그녀를 부탁해
- 스마트 폰에 설치하는 응용프로그램 -

안녕하세요 나는 당신의 여자 친구 앱

자동응답기도 로봇청소기도 아니에요 애인도 누나도 아니죠 원하는 대로 요구하는 대로 뭐든지 다 해드리는 앱… 오늘은 기분이 별로에요 왜냐구요 우리 주인님은 너무 야해 그러나 나는 당신의 모나리자

프로포즈는 하지 않아도 좋아요
다만 가볍게 터치- 터치-

오늘은 무엇을 할까요 영화를 볼까요 운동을 할까요 초콜릿 복근을 보여주는 건 사절이에요 그저 말만 하세요 다른 사람의 눈에는 보이지도 않아요 내 노래는 당신의 귀에만 들리죠 비밀처럼 당신의 주머니에서 늘 푸르게 최상의 컨디션만 보여주면 되는 나는 당신의 마돈나

그런데 당신 지금 울고 있는 거에요?

유혹

꽃차를 마신다

찻잔 속에서 출렁 겉잎 날개 폈다 접었다

사월의 마지막 날 부채춤 너울 접었다 폈다

어쩌자고 물속에서

새빨간 혀를

램프의 불꽃처럼 태우고 있는 거야

너의 꽃술에 빨려 들어가

죽어버리고 싶다

알바트로스

나는 나를 버렸다

복사꽃 살구꽃 움트는 것도 모르고

어둔 동굴 속에서 파충류가 되었다

살아서 흙이 되었다

찬란한 환생을 위한 미라가 되었다

남자들에게 고함

자고로 여자들에게 경배할지어다

마음먹는 대로 생각하는 대로 못 할 것이 없다
슬하에 백 명의 아들과 딸을 둘 수도 있다. 아니 그보다 더한
백 명의 남자도 품을 수 있다. 아니 그보다 더한
대로에 천둥벌거숭이로 뛰어들어
달리는 자동차들을 일렬횡대로 멈추게 하는 일, 그리하여
지들끼리 물고 뜯게 만드는, 그리고 그리하여 그러므로 그래서
애국자도 되게 하고 매국노도 되게 하는
성직자도 되게 하고 사형수도 되게 하는
그러므로 남자들이여
그녀들로 하여금 세상을 빛나게 할지어다
제 발등을 찍으며 아무도 모르게 피눈물을 쏟는
그녀들로 하여금 성나게하지 말지어다, 남자들이여

네가 나에게로 왔다

흙냄새 뜨끈한 올갱이국 간절할 때는
독한 감기가 목전에 와 있는 건데
너를 그만 만나기로 마음먹는 날인데
난전에서 올갱이 한 사발 사다 놓고는
꿈에라도 기어이 널 보내리라
보내 주리라
낮잠 한 숨 거하게 들었다. 눈을 뜨니
아뿔사, 온 마룻바닥에 강물이
강물이 쓸고 간 진흙바닥이 한유하게 느물거렸어
속없는 것들 창자까지 빼 내 주고 있었어
그런 거냐 나는 너에게 나를 주지는 못한 거냐
마음이 동하면 다 내주는
하물며, 그 어린것들 앞에서
아랫입술 한 점 뭉텅 깨물어 본다

제4부

나를 찾아서

1. 해바라기

나는 간이역입니다
수백 개의 씨앗을 품은 가슴입니다
길은 언제나 한 방향
가르마를 만들며 기차는 오고 또 가고
다시 오지 않아도 나는 좋습니다

2. 들개

꽃이었나 바람이었나 어머니 품속 같은 짚더미에 몸을 눕혀 보아
어디선가 자장가 곱게 들렸다 안 들렸다 젖은 눈썹같이 무겁게

날개를 접고 생각을 접고 어머니의 나라 그려보아
우리만 모르는 그들만의 나라

사랑이 모자라 단 커피를 마신다
쓰디쓴 것들에 대한 이상한 희망

그래도 가야 한다면 끊임없이 질주해야 한다면
비켜라

가다 서다 뚝뚝 눈물 같은 독백이 떨어진다
칸나 같은 후회의 꽃잎들이 발에 걸린다

연민

어떤 이는 백 날을 칠성당에 빌고 빈 덕으로
세상에 나왔다는데
집 나갔다 돌아온 지아비와
하루저녁 두 손 잡으니 내가 만들어졌다는
지어미의 눈물
그 눈물 바람에
사십이 넘어서도 운다
별 총총 빛나던 밤이런가
다시 쌓을 수도 허물 수도 없던 밤이런가
한 뿌리의 씨앗
그래도 생겨 나왔을 때는
삼신할머니 나는 모르네 한 건 아닐진데
자꾸 외롭다

임산부가 지나간다

그래. 부둥켜 사랑했다는 거지
그 씨앗 안으로 자라
늙은 호박만큼 커졌다는 거지

예수도 석가도 모차르트도
여자의 살을 찢고 나온다
석류처럼 터져 나온다

하늘 색깔 열두 번도 더 바뀌고
울퉁불퉁 가시밭길에 꽃 피고 지고

그래도 다시는 돌아갈 수 없다는 거지
어디에도 그런 곳은 없다는 거지

내 머리가 없어졌다

나는 포장마차의 첫손님
거뭇하게 구워진 전어구이를 대가리부터 베어 문다
입 속에서 죽은 피 토하며 부서지는
어린것들의 맛
꼭꼭 씹어 뼈째 먹으면
내 안에서 부는 바람 잔잔해질까
그렇지 않더라도
남의 살 타는 냄새같이 고소할까
세상에서 가장 질긴 가죽을 덮어쓰고
그것들 두 손 두 발 들 때까지 지글지글 굽는
무간지옥
막잔을 털어 넣은 내 대가리를
누군가 씹어 삼킨다

여자

횡단보도 신호대에 등을 기댄 체
굳어버린 여자
끈만 놓아주면 호르르 날아가 버릴 듯
가슴이 북처럼 텅 빈 저 여자
냉골에서도 인간의 싹을 틔우지
안팎을 다스려 세상을 만들지
죽어서까지 흙이 되고
밭이 되어
기어이 일어나 꽃을 피우고 마는
죽어도 죽지 않는
사철 퍼 올려도 바닥을 보이지 않는
화수분
열두 치마폭에 담은 세상 버거워
하루에 한 번씩 흙이불을 끌어다 덮는
눈물

손

보이든 보이지 않든
서로의 어깨를 감싸고 있거나 아니거나
손들은 하얗다
새벽 도시를 가로질러 공사장을 향하는
남자의 손
어깨에 가슴에 닿았던
무수한 손들에게 안부를 묻는다
하물며 그대도 아버지와 어머니의
주름진 손에 의해 빚어졌을 터

오른손

눈물 만드는 손이 있고
눈물 닦아주는 손이 있다

긴 하루 일구는 쇠스랑 같은 손
왼손 슬며시 내뺄 때 대신 나서주는 손

어머니 한숨 쉬며 오른손 부빌 때면
은빛 햇살가루 떨어질 듯 조마조마했다

나 차마 눈 못 감고 망설일 때도
누군가의 오른손 다가와 두 눈 감겨 주리니

그 다정다감에
저승 먼 길도 짧게 느껴지리니

살인의 추억

내가 죽인 아이가 꿈에 보이는 날이 있습디다

죽은 아이는 자라지 않으니 언제나 아이

사랑한 날에도 미워한 날에도 한결같던 내 아이를

게 눈 감추듯 감쪽같이 해치우고

입 쓱- 닦고 이제 와서 그립습디다

별리

- 2008.10.8 대전 중앙데파트 철거 발파 현장을 보며

탕.

색색의 유독가스와 다이너마이트 굉음

황혼이 제아무리 황홀한들 지고나면 그 뿐

건물이 넘어지는 데는 5초로 족하다

말기 암 환자가 자신의 때를 받아들여

스스로 쓰러지듯

검은 천으로 드리워진 침묵

폐허

나도 탕. 한 발 맞고

쓰러지고 싶다

귀환

푸른 빛깔로 물들고 싶다
가마솥에 불을 지피고
물푸레나무 껍질 몇 낱과
장미꽃 몇 송이 그리고
흰 구름 넉넉히 떠다 넣고서
한 석 달 열흘쯤 고은 물에
푸르디 푸른 빛깔로 물들고 싶다

별이 되고 싶다
싱싱한 별
하늘에서도 쓸모없는 착한 별

남은 날들의 삶이 두려워지기 때문일까
물 뿌려 가꿀 한 뼘의 전답도 없고

좋은 날 잡아
무명천처럼 하얗게 펄럭이다가
그만 슬프도록 푸른 빛깔로 물들고 싶다

헐리웃 액션

한번 물면 놓지 않는다는 동물의 왕
아프리카 사자 그의 키스는
달콤하면 할수록 상대를 더 빨리 죽게 한다지
죽을 만큼 달콤한
사랑할수록 빠져들게 되는
부드러운 무기
그렇다 하더라도 크게 한방 맞고
쓰러져 죽고 싶은
사랑하다 죽어버리고 싶은

몰랐다

찬밥에 물 말아 먹다
불현듯 눈물 나는 건
매운 고추 때문이 아니라
노란 민들레가 너무 노래
어지러울까봐
한철 내리는 우박처럼
떨어지는 것이다

사랑을 말한다

데이트 가는 딸을 보며 웃는다

잡지 않으면 쏜살같이 빠져나가 저잣거리로 스며들
내키면 돌아와 파고들어 평화주의를 외치는, 저
파렴치하고 귀여운 남자들. 딸아
수백 번 사랑하고 수백 번 이별하는 사랑 말고
한 번 만나 백년을 해로한다는
세상에서 가장 힘세고 당당한
알바트로스 같은 남자를 만나거라
비겁하고 남루한 그런 사랑 말고
한 번도 쉬지 않고 대륙을 횡단하는

너를 연인이라 부르던 사내들에게 고하거라
쉿!

깊은 사랑 한 번 못해보고 나 사랑을 말한다마는
그래도 한 쪽 가슴은 남겨두어라 딸아, 또 모르니

명자꽃

빨강 치마에 노랑 레이스 단 명자꽃
너무 화려해서 집안엔 심지 않았다는데
그럼 그렇지
우리 언니 이름이 명자다
이렇게 살려했던 게 아니란다
하루에 한 번은 화가 나고
하루에 한 번은
담배 연기로 구름을 말아 올리는
화려한 남자를 오래 사랑한 명자 언니
가슴은 빨갛게 뜨거워서
립스틱 손에서 놓지 않는
꽃 중의 꽃

배롱나무

오만 가지 걱정으로 뼈만 남았어도

오만 송이의 꽃을 피우고 있는

조선 최고의 버커리*다

* 버커리 : 늙고 병들거나 또는 고생살이로 쭈그러진 여자를 속되게 이르는 말

꽝꽝나무

나의 꽃말은 '참고 견디어낼 줄 아는 꽃'

찢기고 밟혀도 벌떡 일어나 '참고 견디어낼 줄 아는 꽃'

태어날 때부터 노랗게 물들어 나온 단풍나무가 나만큼 서러울까요

처음부터 죽어 태어난 시체꽃이 나만큼 서러울까요

백번을 참고

백번을 견디다

죽어 태워지면서 꽝꽝거린들 무슨 소용일까요

봄 편지

왜 인간은 아프고 슬픈 거냐고 물으니
흙으로 빚어져서라고

미안한 마음에
하늘은 하루 한 개씩의 해를 이 땅에 던져주어
가장 낮은 곳으로부터 솟아오르게 하고
하루 한 개씩의 달을 이 땅에 던져주어
가장 어두운 곳으로부터 피어나게 하는 거라며
봄이 나에게

| 평설 |

지상에서 가장 슬픈 교향곡

우대식

송영숙 시인의 시집 『벙어리매미』를 앞에 두고 보니 그녀의 오빠인 송유하 시인의 생각을 지울 수 없다. 서른 후반에 세상을 떠난 쓸쓸했던 시인 송유하. 단 한 권의 시집조차 세상에 내놓지 못하고 떠난 그의 유고시집 제목은 『꽃의 민주주의』이다. 이런 세상에, 꽃의 민주주의라니. 아름답고도 슬픈 이 땅의 역사를 그는 기록하였다. "빙폭(氷瀑)의 탄압을 견디다 견디다가 / 아! 소리치며 일어서는 것들 / 보이지 않고 들리지 않는 신비로운 약속에 의해 / 일제히 궐기하는 의지 하나로, 너는 꽃이다"(「꽃의 민주주의」에서). 세상을 타개한 송유하 시인에 관한 글을 쓰다가 송영숙 시인을 만난 것이 약 칠 년쯤 되었다. 지금의 대전 터미널 근처 조용한 술집에서 송유하 시인에 대한 여러 이야기들이 오갔고 그녀는 아마 살짝 눈물을 흘렸던 것 같다. 그런 인연으로 아주 가끔씩 연락이 오갔고 최근에 송유하 시인의 『꽃의 민주주의』를 재출간하기에 이르렀다.

송영숙 시인은 1993년에 첫 시집 『할미꽃과 중절모』를 낸 이후 18년 만에 이번 시집을 출간한다. 어쩌면 '시와 절연한 것은 아닐까', '지긋지긋한 시와 결별했나 보다'라고 생각할 즈음 출간되는 이 시집은 그녀 자신에게는 물론 주변 사람들에게도 특별한 인상을 준다. 이 시집의 제목 『벙어리매미』는 저간에 놓인 그녀의 삶과 문학을 모두 아우르고 있다는 느낌을 받았다. 목청이 찢어지도록 여름을 노래해야 하는 매미가 벙어리라는 역설적 진술은 시인으로서 그녀의 삶을 극명하게 보여주기 때문이다. 물리적 시간은 그냥 흘러갈 뿐이다. 인간을 고무하고 상처를 주는 것은 내면의 시간의식이다. 그녀의 내면에 오랫동안 꺼지지 않는 조용한 불빛이 흔들리고 있었다는 사실을 이 시집에서 확인할 수 있었다.

시집을 읽으며 가장 먼저 눈에 띈 것은 치열한 자의식의 갈등이었다. 예술에서 자의식의 갈등은 자아를 편안한 상태가 아닌 괴로움의 지경을 몰고 가는 심리적 기제가 되기 쉽다. 송영숙 시인의 시에서도 자아에 대해 끝없는 물음을 제시하며 초극의 지경에 도달하고자 전력을 다한 시를 여러 편 만나 보았다.

전생에 나는 백제금동대향로의 다섯 악사 중 배소를 불던 주악상이었다

어쩌다 속 깊던 한 사내를 몰래 가슴에 두었다가 그를 위해 연주한 것이 발각되어 쫓기듯 나와 지금 여기 허름한 나무의자에 기대 있는 것이다

그러다 단 한번도 나팔을 불어 본 적 없는 나팔꽃
하늘 한번 올려다본 적 없는 엔젤트럼펫처럼
꿈인 듯 생시인 듯
슬퍼도 소리 내어 울 수 없게 된 벙어리매미

사랑에 눈멀었던 악사들이 인연의 줄을 끊고
소리를 허락받는 날이면
사람들은 지상에서 가장 슬픈 교향악을 듣게 될 것이다

당신은 모른다. 내가 밤낮 잘도 웃지만 돌아서서 한 번씩 크게 울기도 한다는 것을, 울면서 새끼손가락으로 양쪽 귀를 피가 나게 파 보기도 한다는 것을

- 『벙어리매미』 전문

시집 제목이기도 한 이 절창의 시편을 개인적으로는 송영숙 시인의 시론으로 읽었다. 한 사내를 위해 연주하다 쫓겨난

'배소를 불던 주악상'은 생의 비의를 훔쳐 보다가 절망한 시인의 초상이 아니고 무엇이겠는가? 가슴을 울리는 것은 "지금 여기 허름한 나무의자에 기대있는" 시적 화자에 관한 상상이다. 쫓겨난 주악상은 연주할 권리를 박탈당한 채 허름한 나무의자에 앉아 무엇을 생각할 것인가? 그런 의미로 "슬퍼도 소리 내어 울 수 없게 된 벙어리매미"는 시적 화자의 현재 상태를 의미한다. 연주할 수 없다. 소리 낼 수 없다. 깊은 슬픔을 간직한 채 살아야 하는 운명의 시간을 견디고 있다. 소리가 가능한 시간은 '인연의 줄'을 스스로 끊었을 때이다. 인연의 줄을 끊는다는 것은 종교적 성찰과도 같은 인고의 세월을 통과했을 때 가능하다. 그녀에게 시는 이렇듯 범상치 않은 존재론적 고민에서 비롯되고 있다. 연주가 허락되었을 때 "지상에서 가장 슬픈 교향악"이 울려 나온다. 자신의 온 존재가 울면서 삐져나올 때 그 울림은 바로 슬픔이다. 지상에서의 아름다운 음악 소리는 귀를 씻고 들어야 하지만 그녀의 연주는 범상한 노래가 아닌 까닭에 스스로 피가 나도록 귀를 파보는 것이다. 시를 쉽게 쓰지 못하는 이유가 여기에 있다.

이렇듯 삶에 대한 치열한 의식은 그녀가 생의 기원을 온전한 완성태로 인지하는 것이 아니라 파열과 불완전에서 찾고 있다는 것을 의미한다. 대개 인간은 일상에 주어진 불완전성을 성긴 그물망으로 감싸 안은 채 스스로 위로하며 평정의 삶을 살아간다. 그러나 그녀의 많은 시편들은 그러한 파열의 불

편함을 직시하고 있다.

아들아 나 죽거든 갠지스 강으로 데려가다오

그 강가에서 빨갛게 타오르는 장작더미에 나를 던져 한점 티끌도 남지 않게 불태워다오

그리하여 이 땅에서 가장 먼 곳에 가 닿아 다시 너의 가난한 어머니가 되는 일이 없게 해다오. 미안하다.

-「나무십자가」 부분

이 시 첫 구절의 진술처럼 시적 화자는 '바닥'을 보고자 한다. 바닥은 일상의 시선으로는 도달할 수 없다. 그녀는 운명처럼 주어진 이번 생이야 어찌할 수 없지만 다음 생에서는 자식과의 인연마저도 끊어버리고 싶어 한다. "가장 먼 곳에 가 닿아 다시 너의 가난한 어머니가 되는 일이"없게 해달라는 간절한 기원은 슬프다. 이것은 인간 밖의 일이기에 자신의 의지로 성취될 수 없는 일이다. 그러한 점에서 그녀의 대화는 인간과 인간의 대화가 아닌 독백 혹은 보이지 않는 신과의 대화이다. "눈 멀고 귀 먹게 하는 나는 악의 꽃"(「능소화」부분)이라는 선언은 왜 그녀의 대화가 독백 혹은 보이지 않는 신과의 대화인가를 명백히 보여준다. 현실에서 그것을 치료할 방법은 없다. "천수보살 천 개의 손으로/가슴을 쓸어줄 때까지"(「능소

화」 부분) 상처는 더 깊어진다는 점에서 그녀가 부르는 노래는 지상의 노래는 아닌 것이다. 치열한 의식의 저변에 놓인 상처를 확인하는 일은 그녀의 시의 원적(原籍)을 확인하는 일이기도 하다.

이 시집에서 도드라진 소재 가운데 하나는 어머니에 대한 상상력을 바탕으로 한 불우한 가족사이다. 그로 인한 상처는 근원적인 슬픔으로 작동하면서 현재의 삶에서도 지대한 영향을 미치고 있다.

엄니 목구멍에 거머리가 산단다

시앗을 보느니 차라리 비켜주리라 다섯 남매를 맨 치맛폭에 폭 싸 안고 나와 고생 지지리 하다 어느 날 남의 집 수도꼭지에 입 대고 물배 채우신 날 그날부터 엄니 목구멍에 거머리가 붙었다며 손가락 구겨넣었다 뺐다 덜컥 주저앉아 갱신을 못하셨다. 그걸 뭐라고 비켜나와선

우리 엄니는 사랑을 한 거다

꽃잠 자고 첫길 다녀온 기억만 안고 가신 엄니 혈관성 치매 알츠하이머는 얼마나 고마운 병인가 돌아가시기 이틀 전 비켜서 살아온 세월 오십인데 다 잊고는 '조금만 기둘려라 기둘리다 보

마 그것 갈기다 와 안가겠노' 하셨다며 홀홀 웃는데 나는 피가 거꾸로 솟아 그 검정 기와집 한 방에 후르르 불 싸지르고만 싶었던 거다. 그걸 사랑이라고

-「오래된 관계」 일부

어머니는 평생을 인내하며 살아온 여인이다. 아버지로부터 버림받은 어머니는 어린 자식을 키우면서도 끝내 남편에 대한 사랑을 포기하지 않았다. 가슴에 한의 덩어리를 고스란히 담고 살았던 어머니에 대한 연민은 어머니가 앓았던 치매, 알츠하이머에 대해 "얼마나 고마운 병인가"라는 역설적 진술로 드러난다. 망각의 병이 오히려 고맙다는 말은 신산한 어머니의 평생을 강렬하게 보여준다. 그러나 끝내 어머니의 입에서 나온 말은 아버지의 첩이 곧 돌아갈 것이라는 기대의 말이다. 그것은 아버지에 대한 사랑을 포기하지 않았다는 뜻이다. 시적화자의 어머니에 대한 연민은 어머니가 버림받았다는 사실 보다는 어머니가 사랑을 포기하지 않았다는 데 있다. 치매 속에서도 아버지에 대한 사랑을 포기하지 않았다는 사실은 시적 화자에게는 아버지에 대한 증오와 그로 인한 상처를 처절하게 확인하는 또 다른 계기가 될 뿐이다. "도덕이니 계율이니 들어도 못 본 것이 / 고마워도 고맙다고 말 한마디 못하는 것이 / 그래도 주인은 끔찍이 섬긴다는 여자 / 꼭 푸들같은 것이"(「아버지의 여자」 일부). 아버지의 첩에 대한 부정적인 각인은 오랜 세월이 흐른 뒤에도 여전히 남아 있다. 그것은 어머니

에 대한 연민과 정비례하는 까닭에 깊은 상처로 남아 있는 것이다. 그러나 시 전반에는 아버지에 대한 연민 또한 함께 깔려 있다. “아버지의 둘째여자가 죽었다 / 한 쾌에 그녀를 보낸 건 무얼까 / 하늘이 한꺼번에 흔들했다 / 그녀를 너무 많이 미워했던 건 아닐까”(「바람의 말」 일부). 아버지의 첩은 시적 화자에게는 여전히 3인칭의 여자일 뿐이다. 그러나 그 여자의 죽음 앞에서 인간의 연민을 보이는 부분이나 심지어 “아름다운 것들은 모두 가면을 쓰고 나타난다”는 진술은 아버지의 첩을 넘어 여자로서의 교감까지도 보여준다. 상처와의 화해는 날이 선 의식을 누그러트리고 있다. “나이 오십되면 공들이지 않아도 경지에 오르나보다 아들을 키워보고 나서야 세상의 남자를 아버지를 곱게 부르게 되었다”(「오래된 관계」 일부)는 고백은 그러한 심리의 변화 양상을 잘 보여준다. 어쩌면 어머니, 아버지, 아버지의 첩 모두 그녀에게는 연민의 대상이 되어 버렸는지 모른다. 불우한 가족사는 그녀에게 상처 그리고 증오를 넘어 연민에 이르는 먼 길을 돌아오게 했다.

치열한 자의식과 연민에 이르는 길에 불교적 세계관이 자리하고 있다는 것은 어쩌면 자연스러운 일인지도 모른다. 세계는 도대체 왜 이런 것인가? 삶이란 도대체 무엇인가에 대한 고민이야 사물과 인간을 다루는 시인에게 필연의 문제일 터이다. 송영숙 시인은 이러한 고민을 자연스럽게 불교적 세계관을 통해 풀어가고 있다.

차로 그 녀석을 쳤다

사각의 백미러로 두 동강 났을 녀석을 뒤로하고
악셀을 밟고 있었다 콧등으로 등줄기로 땀 흐르는데
악셀을 밟고 있었다 너를 피하면 내가 죽거든 그렇거든
악셀을 밟고 있었다 너를 밟지 않으면 내가 밟히거든
아무 일 없다는 듯 다음 차도 그 다음 차도

내가 모르던 내가 한꺼번에 달려들어 목덜미를 잡는다
점멸등의 빨간불인지 그 녀석의 암컷인지 무섭게 지나가고
불현듯 나는 없다
찬 아스팔트에 그 녀석을 놓아두고
어느 절에선지 들었을 저녁 예불소리 떠올리며
다시 만나게 될 그 녀석과의 복잡한 관계를 가늠해 본다

-「인연」 전문

시적 화자는 차를 몰고 가다 동물을 친다. 로드 킬, 길 위에서 죽은 동물을 바라보는 시적 화자는 존재와 존재의 관계에 대해 생각한다. 이 세상은 생존의 정글이다. "너를 피하면 내가 죽거든"이라는 진술은 알레고리의 성격을 띠고 있지는 않지만 오늘날 우리의 보편적인 삶의 양태를 함유하고 있기도 하다. 인간이나 살아있는 모든 생명체들이 불우한 죽음을 피하기 위해 몸부림치지만 그 운명을 존재 스스로 결정할 수 있

는 것이 아니다. 이 부분에 지나치게 집착하면 운명론자가 될 것이다. 하나의 죽음 앞에서, 좀 더 정확히 말하면 자신이 관여한 존재의 소멸에 대해 시적 화자는 '인연'이라는 것을 생각한다. "다시 만나게 될 그 녀석과의 복잡한 관계"는 자신의 행위에서 비롯된다. 그 복잡한 관계는 과거이며 미래에 관련된 것이기도 하다. 도덕이나 윤리 감각이라는 것도 이 부분에 대한 성찰에서 시작된다. 어떤 인연도 나에게서 비롯된다는 불교적 가르침은 필연적으로 내 행위에 대한 인과적 책임을 당위적으로 받아들이도록 요구한다. 존재간의 복잡한 관계를 단선적으로 말할 수는 없지만 동일한 행위에 대한 결과를 역으로 받아들일 수밖에 없음이 인연이다. 시적 화자에게 인연이라는 개념은 두 가지로 작동한다. 하나는 끊을 수 없는 관계, 다른 하나는 도덕적 결정이 그것이다. "돌로 문지르고 피가 나게 닦아도 소용없죠 / 그래도 어머니 언제나 내게 / 이쁜 내 검은 장미, 라고 / 검은 눈물 검은 피 내림이라네 / 누구도 사랑하지 말라시네"(「코리도라스아메네우스」 일부). 코리도라스아메네우스라는 청소 물고기를 자신에 비유해 쓴 이 시에서도 거부할 수 없는 어머니와의 인연을 직시하고 있다. 어머니의 불행했던 삶이 그대로 이어질까봐 누구도 사랑하지 말라던 어머니의 말씀을 가슴 깊이 간직하고 살면서 자신의 삶을 회의적으로 바라보고 있다. 피 내림이라는 생리학적 문제조차 시적 화자는 삶의 양태와 관련된 것으로 받아들이고 있다. "하루에도 수십 번 윤회의 밧줄 매고 푸느라 / 노곤한 잠 밀려와도

/ 몸을 눕히지 않는 표적”(「돌핀」 일부)에서 볼 수 있듯이 자연의 현상조차도 인연을 바탕으로 한 윤회와 결부지어 비유하고 있다. “유랑은 끝났다 / 꽃으로 나비로 혹은 사람으로 / 돌고 돌아 사라지는 것이 없다 해도 / 그 사라짐 없는 것에서 / 아주 사라지고만 싶은 / 아름다운 보헤미안”(「단풍」 일부). 이 시는 단풍의 마지막을 노래하고 있지만 기실 끝은 없다고 하는 인식이 반영되어 있다. “아주 사라지고만” 싶다는 것은 바람일 뿐이다. 사라지지 않는다. 각자의 업과 인연에 따라 윤회를 거듭할 뿐이란 인식은 송영숙 시인의 인식 깊숙한 곳에 자리 잡고 있다. 그러한 인식은 어린 전어를 구어 먹다가도 “막잔을 털어 넣은 내 대가리를 / 누군가 씹어 삼킨다”(「내 머리가 없어졌다」 일부)는 생각을 하기에 이른다. 인연을 바탕으로 한 윤회의식은 내면에 타오르는 불길을 다독이고 정제하는 도덕적 기제로 작용하며 산만한 삶의 여러 국면을 통일시키는 역할을 하고 있다고 보인다.

이 시집을 관류하는 다른 하나는 여성성에 대한 성찰이다. 여성으로서의 자의식은 끊임없이 시적 화자로 하여금 자신은 누구인가를 되돌아보게 한다. 더욱이 어머니나 딸 혹은 아들에 대한 명상과 여성성이 겹쳐졌을 때 분노와 염려 그리고 자신의 모든 것을 투기(投棄)하고자 하는 욕망까지도 드러낸다. “돌아갈 땐 남장을 하고 가리라”(「끝에서 끝으로」 일부)는 선언은 상처 입은 여성성을 단적으로 보여준다.

자고로 여자들에게 경배할지어다

마음먹는 대로 생각하는 대로 못 할 것이 없다
슬하에 백 명의 아들과 딸을 둘 수도 있다. 아니 그보다 더한
백 명의 남자도 품을 수 있다. 아니 그보다 더한
대로에 천둥벌거숭이로 뛰어들어
달리는 자동차들을 일렬횡대로 멈추게 하는 일. 그리하여
지들끼리 물고 뜯게 만드는. 그리고 그리하여 그러므로 그래서
애국자도 되게 하고 매국노도 되게 하는
성직자도 되게 하고 사형수도 되게 하는
그러므로 남자들이여
그녀들로 하여금 세상을 빛나게 할지어다
제 발등을 찍으며 아무도 모르게 피눈물을 쏟는
그녀들로 하여금 성나게하지 말지어다, 남자들이여

-「남자들에게 고함」 전문

여성성을 단적으로 보여주는 이 시는 표면적으로는 여성의 우월성을 보여준다. 그러나 이면에는 여성에 대한 잘못된 사회의식을 비판적 관점에서 바라보고 있다. "그리고 그리하여 그러므로 그래서"에서 시적 화자의 단순치 않은 심리를 읽을 수 있다. 여러 접속사의 내용을 통해 추론컨대 마땅히 그러해야할 사실들이 관철되지 않는다는 것을 간파할 수 있다. 여

성에 대한 이 규정적 선언은 응축된 감정의 드러냄이라 할 수 있다. “세상에서 가장 힘세고 당당한 / 알바트로스 같은 남자를 만나거라”(「사랑을 말한다」 일부)는 시적 화자 자신의 딸에게 보내는 메시지이다. 남성의 이기적인 사랑에 맞서 현명하고 강한 사랑을 하기 바라는 심리가 표출되어 있다. 그것은 대개 남성들의 사랑이란 순간적이고 이기적이라는 인식이 바탕에 깔려 있기 때문이다. 여성은 생명을 탄생시키는 성소이다. 겉으로 드러난 것과는 다른 심오한 생명의 본질을 여성은 담고 있는 것이다.

> 오만 가지 걱정으로 뼈만 남았어도
> 오만 송이의 꽃을 피우고 있는
> 조선 최고의 버커리다.
>
> -「배롱나무」 전문

“버커리”는 늙고 병들거나 또는 고생살이로 쭈그러진 여자를 속되게 이르는 말이라고 각주에 설명되어 있다. 여자로 상징되는 늙은 배롱나무는 바로 생명의 보고이다. “오만 가지 걱정으로 뼈만 남았”다는 것은 여성이 겪어야 하는 불우한 생의 조건이다. 여성은 이 모든 불우한 생의 조건을 넘어 “오만 송이의 꽃” 즉 모든 생명을 키워내는 존재이다. 걱정 없는 꽃은 존재하지 않는다. 그것을 감수해야만 참된 생명을 잉태할 수 있다. 강렬한 성적(性的) 이미지의 구현은 능동적인 여성성과

관련이 깊다. "사랑할수록 빠져들게 되는 / 부드러운 무기 / 그렇다 하더라도 크게 한방 맞고 / 쓰러져 죽고 싶은 / 사랑하다 죽어버리고 싶은"(「헐리웃 액션」일부) 욕망은 자신이 믿고 살아온 도덕률과 긴장 관계를 이루며 또 다른 의미의 여성성을 보여준다. 죽음마저 떠올리는 사랑은 그러나 실천의 문제라기보다는 내재된 욕망의 표출로 읽는 것이 정확하다.

꽃차를 마신다
찻잔 속에서 출렁 겉잎 날개 폈다 접었다
시월의 마지막 날 부채춤 너울 접었다 폈다
어쩌자고 물 속에서
새빨간 혀를
램프의 불꽃처럼 태우고 있는거야
너의 꽃술에 빨려 들어가
죽어버리고 싶다

-「유혹」 전문

찻물에 뜬 꽃잎의 화려하고 다양한 이미지는 아름다움을 넘어 치명적인 매혹을 지니고 있다. "새빨간 혀", "램프의 불꽃", "꽃술" 등의 이미지는 다분히 성적인 의미를 띠고 있다. 이러한 치명적인 매혹 앞에 시적 화자는 중얼거린다. "죽어버리고 싶다". 성적인 오르가슴과 죽음의 친연관계는 이미 잘 알려져 있다. 즉 에로스는 죽음의 충동을 동반한다. 송영숙 시인의 시에 등장하는 죽음도 마찬가지로 절정의 순간에 온다는 점에서 동일하다. 그 유혹은 은밀하면서도 두려운 것이지만 뛰어들고 싶은 욕망을 동시에 함유하고 있다. 「헐리웃 액션」, 「유혹」 두 편 모두 "죽어버리고 싶"은 욕망을 드러낸다. 그러나 죽지 않는다. "싶다"는 바람을 나타내는 종결 어미는 시적 화자의 욕망과 윤리적 감각을 동시에 내포하고 있다. 이렇듯 송영숙 시인의 시에 나타나는 여성성은 남성이라는 대타적 관계 속에서 생명의 근원에 대한 옹호로 작용하기도 하고 에로스에 대한 적극적인 투신의 욕망으로 드러나기도 한다.

다양하게 변주되는 송영숙 시인의 시적 양상에 대해 살펴보았다. 치열한 자의식에 대한 갈등과 불우한 가족사, 불교적 세계관 그리고 여성성 등으로 나누어 살펴보았으나 이는 시집 해설을 위한 인위적인 구분에 불과하다. 오랜 공백을 딛고 출간한 이번 시집은 그 시간의 길이만큼이나 다양한 내용을 담고 있다. 시에 대한 고민이 그만큼 깊었다는 것을 의미한다. 오랜 공백을 딛고 세상에 나온 이 한 권의 시집이 많은 사람들의 마음속에 전해졌으면 하는 바람이 크다. 시집을 내고 나면 느끼는 일이지만 또 다시 한 번도 가보지 못한 망막한 길 위에 서있다는 느낌을 지울 수 없을 것이다. 그렇다. 새로운 길을 간다는 괴로움과 즐거움을 오롯이 새겨 그녀만의 세계로 들어가기 바란다. 부족한 글로 풀어 이야기하지 못한 부분은 시를 읽으면 자연스럽게 이해할 수 있을 것이다.